MANDALA

Adult Coloring Book

A Coloring Book for Adults Featuring Mandalas

TOONING

MANDALA

Adult Coloring Book

A Coloring Book for Adults Featuring Mandalas

Copyright: Published in the United States by Tooning

Published December 2016

ISBN-13:
978-1544123066

ISBN-10:
154412306X

www.ingramcontent.com/pod-product-compliance
Lightning Source LLC
Chambersburg PA
CBHW081603280526
45788CB00011B/3539